DIOS

con nosotros

ja pérez

este libro es dedicado a Samuel, Jesse y Amy

...mis hijos y gran tesoro.

gracias

A mi Dios, por todo. A mi esposa e hijos, quienes

pacientemente me prestan de su tiempo para escribir.

A mi equipo por su ardua labor en todo trabajo literario.

A mi madre por su ayuda en las correcciones al manuscrito.

A Link, nuestro hermoso gato que fielmente me acompaña

mientras escribo.

Contenido

He aquí, una virgen concebirá y dará a luz un hijo, Y llamarás su nombre Emanuel, que traducido es: Dios con nosotros. Mateo 1:23

Introducción

"Porque no hará nada Jehová el Señor, sin que revele su secreto a sus siervos los profetas". Amós 3:7

El profeta Amós nos ha entregado una clave para entender la manera en que Dios desarrolla acontecimientos.

La historia nos enseña que nuestro Padre Celestial, primero diseña su plan en su mente, luego lo anuncia (por medio de sus mensajeros) y luego lo ejecuta.

No hay sorpresas.

Cuando Dios se dispuso a destruir a Sodoma y Gomorra, primero envió mensajeros.

Cuando se dispuso a juzgar la tierra por medio de un diluvio, primero envió a Noé, quien estuvo anunciando lo que habría de venir durante ciento veinte años.

Así la venida del Mesías fue extensamente anunciada. No solamente las apariciones angelicales a María y José. Durante siglos, Dios estuvo anunciando la venida de Jesús con gran exactitud y abundancia de detalles.

Muchos han tratado de desmentir la profecía diciendo que todo ha sido pura coincidencia (o casualidades). Sin embargo, la misma "Ciencia de Probabilidad" excluye toda posibilidad de coincidencias.

Las siguientes probabilidades son tomadas del libro La Ciencia Habla [Science Speaks] de Peter Stoner (Moody Press, 1963) donde se muestra que la coincidencia es excluida por la ciencia de la probabilidad[1]. Dice Stoner que usando la ciencia moderna de la probabilidad con relación a ocho profecías: "encontramos que la oportunidad de que cualquier hombre que pudiera haber vivido hasta el momento actual y de que hubiera cumplido todas las ocho profecías es de 1 en 1017". O sea, el equivalente de una (1) oportunidad en 100.000.000.000.000.000. Para podernos ayudar a comprender esta asombrosa probabilidad, Stoner la ilustra suponiendo que si "tomamos 1017 monedas de dólar de plata y las colocamos en el estado de Texas, éstas cubrirían todo el estado hasta sesenta y dos centímetros de profundidad".

"Ahora, marque una de estas monedas y revuelva a fondo la masa completa de éstas en todo el estado. Cúbrale los ojos a un hombre y dígale que puede viajar por todo Texas y tan lejos como desee pero que debe escoger de entre todas las monedas la moneda marcada inicialmente. ¿Qué oportunidad tendrá este hombre de escoger la moneda marcada? Exactamente la misma posibilidad que los profetas hubieran tenido al escribir estas ocho profecías y hacer que estas se cumplieran en cualquier hombre".

Stoner considera las profecías y dice: "encontramos que la oportunidad de que cualquier hombre pudiera hacer cumplir todas las profecías es de 1 en 10157, o lo que es equivalente:

100.000.000.000.000.000.000.000. 000.000.000.000.000.000.000.000.000 .000.000.000.000.000.000.000.000.00 0.000.000.000.000.000.000.000.000.0 00.000.000.000.000.000.000.000.000. 000.000.000.000.000.000.000.000.

El número estimado de electrones en el universo es de alrededor de 1079. Debería entonces ser completamente evidente que Jesús llevó a cabo estas profecías no por una simple casualidad[2]".

Por otro lado, la profecía cumplida es una fuerte evidencia de que Dios es el autor de la Biblia. Cuando usted observa las probabilidades matemáticas de la profecía que han sido cumplidas, encuentra rápidamente que existe un diseño, un propósito y una mano que guía la Biblia. Si una de las profecías falla, entonces declararíamos que Dios no es el Dios verdadero, ya que se supone que el creador de todas las cosas, incluyendo el tiempo, no se equivocaría en predecir el futuro.

Deuteronomio 18:22 dice:

"Si lo que un profeta proclama en el nombre del SEÑOR no se lleva a cabo o no se convierte en realidad, ése es un mensaje que no ha sido dicho por el SEÑOR. Ese profeta ha hablado atrevidamente" (NVI).

Isaías 46:9-10 dice:

"Acordaos de las cosas pasadas desde los tiempo antiguos; porque yo soy Dios, y no hay otro Dios, y nada hay semejante a mí que anuncio lo por venir desde el principio, y desde la antigüedad lo que aún no era hecho; que digo: 'Mi consejo permanecerá, y haré todo lo que quiero..."

55 Profecías

Antes de entrar en la lista de 55 Profecías Cumplidas, debemos señalar que aunque en este libro solo tocamos estas 55, el número de profecías que indicaron la venida y obra del Mesías es mucho mayor.

Y si incluimos el número de pasajes que indirectamente se refieren al Mesías en el Antiguo Testamento, el número aumenta aun más.

Enseguida, presento una tabla de 55 profecías cumplidas muy básicas y que representan un panorama de aquellos eventos que sobresalen en la vida de Jesús.

Esta lista nos facilitará rápido acceso a eventos sobresalientes. La idea de esta tabla es poner en sus manos una referencia rápida a la que usted podrá regresar cada vez que necesite refrescar o citar el tema ya sea en su ambiente académico o en el estudio privado de la palabra de Dios.

1 Nacido de la Semilla de la Mujer

Profecía

Y pondré enemistad entre ti y la mujer, y entre tu simiente y la simiente suya; ésta te herirá en la cabeza, y tú le herirás en el calcañar. Génesis 3:15

Cumplimiento

Y pensando él en esto, he aquí un ángel del Señor le apareció en sueños y le dijo: 'José, hijo de David, no temas recibir a María tu mujer, porque lo que en ella es engendrado, del Espíritu Santo es'. Mateo 1:20

Desde la caida del hombre, ya Dios anuncia que la restauración de ese hombre caido vendría por el fruto de una mujer. Con el nacimiento y obra del Mesías, esta profecía es cumplida.

2 Nacido de una Virgen

Profecía

Por tanto, el Señor mismo os dará señal: He aquí que la virgen concebirá, y dará a luz un hijo, y llamará su nombre Emanuel. Isaías 7:14

Cumplimiento

El nacimiento de Jesucristo fue así: Estando desposada María su madre con José,...se halló que había concebido del Espíritu Santo... Pero no la conoció hasta que dio a luz a su hijo primogénito; y le puso por nombre JESÚS. Mateo 1:18, 25

No solo anuncia Dios que la victoria vendría del fruto de la mujer (María). Dios es específico al anunciar su plan. Esta mujer debía de ser virgen. Esto convierte el nacimiento del Mesías en un evento sobrenatural por obra directa de Dios. También nos indica la naturaleza de Jesús, que aunque fue humano y vivió como humano, fue engendrado por obra del Espíritu Santo, teniendo consigo "toda la plenitud de la deidad" (Col 2:9).

3 Hijo de Dios

Profecía

Yo publicaré el decreto; Jehová me
ha dicho: 'Mi hijo eres tú; Yo te engendré
hoy'. Salmo 2:7

Cumplimiento

Y Jesús, después que fue bautizado,
subió luego del agua; y he aquí los cielos
fueron abiertos, y vio al Espíritu de Dios
que descendía como paloma, y venía
sobre él. Mateo 3:16

Otra vez vemos la deidad de Cristo aunciada proféticamente. Jesús es Dios en toda su plenitud.

4 Semilla de Abraham

Profecía

Y a través de tu simiente todas las naciones sobre la tierra serán bendecidas, porque me has obedecido. Génesis 22:18

Cumplimiento

Libro de la genealogía de Jesucristo, hijo de David, hijo de Abraham. Mateo 1:1

Dios, no solamente nos entrega un Mesías. Es específico en darnos exactamente la familia de donde habría de venir. Esto también conecta a Jesús con el padre de la fe (Abraham) a quien habían sido dadas todas las promesas.

Aun más, siendo Jesús quien traería un pacto de fe, donde por medio de la fe somos reconciliados con el Padre.

5 Hijo de Isaac

Profecía

Entonces dijo Dios a Abraham: 'No te parezca grave a causa del muchacho y de tu sierva; en todo lo que te dijere Sara, oye su voz, porque en Isaac te será llamada descendencia'. Génesis 21:12

Cumplimiento

Jesús mismo al comenzar su ministerio era como de treinta años, hijo, según se creía, de José, hijo de Elí, hijo de Matat, hijo de Leví, hijo de Melqui, hijo de Jana, hijo de José... Lucas 3:23, 34

Siendo que Isaac es un tipo de Cristo, que representa fe (como Abraham había creido en esperanza contra esperanza, que Dios traería el cumplimiento de la promesa). Así de igual manera la promesa del Mesías es cumplida.

6 Casa de David

Profecía

He aquí que vienen días, dice Jehová, en que levantaré a David renuevo justo, y reinará como Rey, el cual será dichosos, y hará juicio y justicia en la tierra.
Jeremías 23:5

Cumplimiento

Jesús mismo al comenzar su ministerio era como de treinta años,... hijo de Melea, hijo de Mainán,...hijo de David, hijo de Isaí, hijo de Obed...
Lucas 3:23, 31, 32

Jesús viene, no solamente de la linea de David según la carne. También su reinado había sido representado en tipos y sombras en la vida y ministerio de David.

7 Nacido en Belén

Profecía

Pero tú, Belén Efrata, pequeña para estar entre las familias de Judá, de ti me saldrá el que será Señor en Israel; y sus salidas son desde el principio, desde los días de la eternidad. Miqueas 5:2

Cumplimiento

Cuando Jesús nació en Belén Judea en días del rey Herodes, vinieron del oriente a Jerusalén unos magos. Mateo 2:1

Dios nos entrega exactamente el lugar donde ha de nacer el Mesías.

Es decir, que el Señor nació en Belén de Judea, esa es la ciudad escogida y ahí fue donde dijo la profecía que iba a suceder. Y así sucedió.

8 Será un Profeta

Profecía

Profeta les levantaré de en medio de sus hermanos, como tú; y pondré mis palabras en su boca, y les hablará todo lo que yo le mandare. Deuteronomio 18:18

Cumplimiento

Y la gente decía: 'Este es Jesús el profeta, de Nazaret de Galilea'. Mateo 21:11

El oficio profético de Jesús —el

más grande de todos los profetas— es anunciado antes de su nacimiento.

9 Será un Sacerdote

Profecía

Juró Jehová, y no se arrepentirá: 'Tú eres sacerdote para siempre Según el orden de Melquisedec'. Salmo 110:4

Cumplimiento

Por tanto, hermanos santos, participantes del llamamiento celestial, considerad al apóstol y sumo sacerdote de nuestra profesión, Cristo Jesús... Hebreos 3:1

Así tampoco Cristo se glorificó a sí

mismo haciéndose sumo sacerdote, sino el que le dijo: 'Tú eres mi hijo, Yo te he engendrado hoy'. Como también dice en otro lugar: 'Tú eres sacerdote para siempre Según el orden de Melquisedec'.
Hebreos 5:5-6

El oficio sacerdotal de Jesús es profetizado, y este no sería un sacerdote conforme a la ley de Moises, sino de un orden diferente que viene antes de la ley. Melquisedec es un "sacerdote para siempre" (Heb 7:17), no como los sacerdotes de la ley que solo practicaban por un tiempo. Su sacerdocio es eterno.

10 Será un Rey

Profecía

Pero yo he puesto mi rey Sobre Sion, mi santo monte. Salmo 2:6

Cumplimiento

Y pusieron sobre su cabeza su causa escrita: 'ESTE ES JESÚS, EL REY DE LOS JUDÍOS'. Mateo 27:37

El oficio de Rey es anunciado con exactitud. Con esta profecía, Jesús llena los tres oficios de ministerio que operaban en el antiguo pacto, estos son Profeta, Sacerdote y Rey. Jesús es el Profeta de Profetas, Sacerdote para siempre y Rey de reyes.

11 Él Juzgará

Profecía

*Porque Jehová es nuestro juez,
Jehová es nuestro legislador, Jehová
es nuestro Rey; él mismo nos salvará.*
Isaías 33:22

Cumplimiento

*No puedo yo hacer nada por mí
mismo; según oigo, así juzgo; y mi
juicio es justo, porque no busco mi
voluntad, sino la voluntad del que
me envió.* Juan 5:30

Jesús es el Juez justo que traerá justicia a las naciones. Esta es una profecía exacta en cuanto al carácter del Mesías.

12 Él será precedido por un Mensajero

Profecía

Voz que clama en el desierto: 'Preparad camino a Jehová; enderezad calzada en la soledad a nuestro Dios.

Isaías 40:3

Cumplimiento

En aquellos días vino Juan el Bautista predicando en el desierto de Judea, y diciendo: 'Arrepentíos, porque el reino de los cielos se ha acercado'. Mateo 3:1-2

Aun la venida de Juan el bautista es anunciada con exactitud, y no solo esto, también el trabajo que desempeñaría Juan es profetizado.

13 Rechazado por Su propio Pueblo

Profecía

Despreciado y desechado entre los hombres, varón de dolores, experimentado en quebranto; y como que escondimos de él el rostro, fue menospreciado, y no lo estimamos. Isaías 53:3

Cumplimiento

Por que ni aún sus hermanos creían en él. Juan 7:5

¿Acaso ha creído en Él algunos de los

gobernantes o de los fariseos? Juan 7:48

Jesús tuvo que experimentar el rechazo de su propia gente. No solo se cumple la profecía, también nos indica que ÉL experimentó el rechazo y por ello puede entender cuando tu y yo experimentamos este tipo de actitud de parte de gente a quienes queremos servir.

14 Su Costado Traspasado

Profecía

Y derramaré sobre la casa de David
y sobre los moradores de Jerusalén,
espíritu de gracia y oración; y mirarán a
mí, a quien traspasaron, y llorarán como
se llora por hijo unigénito, afligiéndose
por él como quien se aflige el primogénito.
Zacarías 12:10

Cumplimiento

Pero uno de los soldados le abrió el
costado con una lanza, y al instante salió

sangre y agua. Juan 19:34

Con detalle, es profetizada la manera en que el Mesías ha de morir.

15 Crucifixión

Profecía

Dios mío, Dios mío, ¿porqué me has desamparado?... ¿Por qué estás tan lejos de mi salvación, y de las palabras de mi clamor? Me han rodeado muchos toros; Fuertes toros de Basán me han cercado. Porque perros me han rodeado; Me ha cercado cuadrilla de malignos; Horadaron mis manos y mis pies. Contar puedo todos mis huesos; Entre tanto ellos me miran y me observan. Repartieron entre sí mis vestidos y sobre mi ropa echaron suertes. Salmo 22:1, 11-18

Cumplimiento

Y cuando llegaron al lugar llamado de la Calavera, le crucificaron allí, y a los malhechores, uno a la derecha y otro a la izquierda. Lucas 23:33

Mas cuando llegaron a Jesús, como le vieron ya muerto, no le quebraron las piernas. Juan 19:33

Cuando los soldados hubieron crucificado a Jesús, tomaron sus vestidos, e hicieron cuatro partes, una para cada soldado. Tomaron también su túnica, la cual era sin costura, de un solo tejido de arriba abajo. Entonces dijeron entre sí: 'No la partamos, sino echemos suertes sobre ella, a ver de quién será'. Esto fue para que se cumpliese la Escritura, que dice: 'Repartieron entre sí mis vestidos, Y sobre mi ropa echaron suertes'. Juan 19:23-24

Esta profecía nos indica el método que iba a ser usado para dar muerte al Mesías.

16 Repartieron entre sí mis vestidos

Profecía

*Repartieron entre sí mis vestidos,
Y sobre mi ropa echaron suertes.*
Salmos 22:18

Cumplimiento

Entonces dijeron entre sí: No la partamos, sino echemos suertes sobre ella, a ver de quién será. Esto fue para que se cumpliese la Escritura, que dice: Repartieron entre sí mis vestidos, Y sobre mi ropa echaron suertes. Y así lo hicieron los soldados. Juan 19:24

Lo que sucedió con sus vestidos había sido profetizado que iba a suceder. Y así se cumplió la profecía de la suerte que había sido echada sobre sus vestidos.

Esta es una de las instancias en que explícitamente el escritor hace referencia directa a la escritura que se está cumpliendo, en este caso usando la frase *"para que se cumpliese la Escritura"* lo cual nos reafirma más allá de la duda que la profecía se acaba de cumplir.

17 Jesús burlado

Profecía

*Todos los que me ven me escarnecen;
Estiran la boca, menean la cabeza,
diciendo: Se encomendó a Jehová; líbrele
él; Sálvele, puesto que en él se complacía.*
Salmos 22:7-8

Cumplimiento

*Y el pueblo estaba mirando; y aun
los gobernantes se burlaban de él,
diciendo: A otros salvó; sálvese a sí
mismo.* Lucas 23:35

Como Jesús fue burlado.

Aún cuando se burlaron de Jesús se estaba cumpliendo una profecía mesiánica. Y este es uno de los muchos padecimientos que el Señor sufrió en nuestro lugar; padecimientos que específicamente se cumplieron uno por uno de lo cual veremos más en la profecías cumplidas que siguen.

Este es el cumplimiento de la profecía número dos que encontramos en los Salmos.

18 Tengo sed

Profecía

Cansado estoy de llamar; mi garganta se ha enronquecido; Han desfallecido mis ojos esperando a mi Dios. Salmo 69:3

Cumplimiento

Después de esto, sabiendo Jesús que ya todo estaba consumado, dijo, para que la Escritura se cumpliese: Tengo sed. Juan 19:28

"Tengo sed" Las cosas que parecen más sencillas... se estaba cumpliendo una profecía, la que dijo el salmista en el Salmo 69.

Aquí Juan afirma el cumplimiento de la profecía con las palabras: *"para que la Escritura se cumpliese"*.

19 Vinagre de beber

Profecía

Me pusieron además hiel por comida,
Y en mi sed me dieron a beber vinagre.

Salmos 69:21

Cumplimiento

Y estaba allí una vasija llena de
vinagre; entonces ellos empaparon en
vinagre una esponja, y poniéndola en
un hisopo, se la acercaron a la boca.

Juan 19:29

Ahí se cumplió la profecía del Salmo

69 en cuanto al vinagre.

Otra vez vemos un detalle muy específico. Y no puede haber coincidencias, pues el líquido mencionado por el salmista es vinagre (no es agua, tampoco es vino).

20 Manos y Pies horadados

Profecía

Porque perros me han rodeado; Me ha cercado cuadrilla de malignos; Horadaron mis manos y mis pies. Salmos 22:16

Cumplimiento

Luego dijo a Tomás: Pon aquí tu dedo, y mira mis manos; y acerca tu mano, y métela en mi costado; y no seas incrédulo, sino creyente. Juan 20:27

Ahí está la prueba de que sus manos

y sus pies fueron horadados.

Tomás es llevado al punto donde no puede quedar ninguna duda de que Jesús es aquel que había mencionado el salmista.

Y la lectura de los salmos era una práctica común no solo a Tomás, sino a cualquiera de los otros Apóstoles puesto que todos eran judíos.

21 Sangre y Agua

Profecía

Y derramaré sobre la casa de David,
y sobre los moradores de Jerusalén,
espíritu de gracia y de oración; y
mirarán a mí, a quien traspasaron, y
llorarán como se llora por hijo unigénito,
afligiéndose por él como quien se aflige
por el primogénito. Zacarías 12:10

Cumplimiento

Pero uno de los soldados le abrió el
costado con una lanza, y al instante salió
sangre y agua. Juan 19:34

Zacarías dijo específicamente *"a quien traspasaron"* en su profecía. En el momento en que los soldados abrieron su costado con una lanza, se cumplieron las palabras de Zacarías.

Ahí se cumplió la profecía de que el Señor fue traspasado.

22 Jesús oró por sus enemigos

Profecía

*Oh Dios de mi alabanza, no calles;
Porque boca de impío y boca de engañador
se han abierto contra mí; Han hablado de
mí con lengua mentirosa. Salmos 109:1-2*

Cumplimiento

*Y Jesús decía: Padre, perdónalos,
porque no saben lo que hacen. Y
repartieron entre sí sus vestidos, echando
suertes. Lucas 23:34*

Esta profecía habla de como Jesús oró por sus enemigos. Padre perdónalos que no saben lo que hacen.

23 Abandonado por sus amigos

Profecía

Mis amigos y mis compañeros se mantienen lejos de mi plaga. Y mis cercanos se han alejado. Salmos 38:11

Cumplimiento

Pero todos sus conocidos, y las mujeres que le habían seguido desde Galilea, estaban lejos mirando estas cosas. Lucas 23:49

Quiere decir que había una distancia

entre ellos y Jesús. Cuando estas cosas empezaron a pasar ya habían sido profetizadas, y ese es el cumplimiento de la profecía mesiánica.

24 Meneando la cabeza

Profecía

*Yo he sido para ellos objeto de oprobio;
Me miraban, y burlándose meneaban su
cabeza. Salmos 109:25*

Cumplimiento

*Y los que pasaban le injuriaban,
meneando la cabeza. Mateo 27:39*

Quiere decir que el gesto de menear
la cabeza de esta gente que pasaba había
sido profetizado.

Ahí hay otra profecía cumplida.

25 Líbrele ahora

Profecía

Se encomendó a Jehová; líbrele él;
Sálvele, puesto que en él se complacía.

Salmos 22:8

Cumplimiento

Confió en Dios; líbrele ahora si le
quiere; porque ha dicho: Soy Hijo de Dios.

Mateo 27:43

Se burlaron pero Dios les libró y
exaltándoles las mismas palabras que
vimos en el Salmo.

Ahora lo vemos en el cumplimiento.

26 El Cordero de Dios

Profecía

Angustiado él, y afligido, no abrió su boca; como cordero fue llevado al matadero; y como oveja delante de sus trasquiladores, enmudeció, y no abrió su boca. Isaías 53:7

Cumplimiento

El siguiente día vio Juan a Jesús que venía a él, y dijo: He aquí el Cordero de Dios, que quita el pecado del mundo. Juan 1:29

Ahí vemos el cumplimiento. Es el Cordero que quita el pecado del mundo, y eso fue profetizado por Isaías.

Esta es una profecía que trasciende en importancia, pues estaba directamente indicando que el problema del pecado iba a ser resuelto de una vez y por todas.

27 Molido por nuestros pecados

Profecía

Mas él herido fue por nuestras rebeliones, molido por nuestros pecados; el castigo de nuestra paz fue sobre él, ...mas Jehová cargó en él el pecado de todos nosotros.

Isaías 53:5-6

Cumplimiento

Porque Cristo, cuando aún éramos débiles, a su tiempo murió por los impíos.

Ciertamente, apenas morirá alguno por

un justo; con todo, pudiera ser que alguno osara morir por el bueno. Mas Dios muestra su amor para con nosotros, en que siendo aún pecadores, Cristo murió por nosotros. Romanos 5:6-8

Ahí el cumplimiento de la profecía.

El precio más alto habría de ser pagado por un cordero sin mancha.

El perfecto sacrificio de Cristo en la cruz fue suficiente para satisfacer la demanda del pecado. Su sacrificio fue agradable al Padre, y al Cristo tomar nuestro lugar nosotros fuimos libres y sanos de la condenación y juicio que habíamos heredado del primer Adán.

28 Sus huesos no fueron quebrantados

Profecía

El guarda todos sus huesos; Ni uno de ellos será quebrantado. Salmos 34:20

Cumplimiento

Vinieron, pues, los soldados, y quebraron las piernas al primero, y asimismo al otro que había sido crucificado con él. Mas cuando llegaron a Jesús, como le vieron ya muerto, no le quebraron las piernas. Pero uno de los soldados le abrió el costado con una

lanza, y al instante salió sangre y agua.
Juan 19:32-34

Nos damos cuenta que sus huesos no fueron quebrados.

Esto nos da una exactitud en los detalles del cumplimiento de esta profecía. A los otros dos que estaban crucificados a ambos lados sí les quebraron las piernas, pero no a Jesús.

Así fue dicho en la profecía.

29 Contado con los pecadores

Profecía

Por tanto, yo le daré parte con los grandes, y con los fuertes repartirá despojos; por cuanto derramó su vida hasta la muerte, y fue contado con los pecadores, habiendo él llevado el pecado de muchos, y orado por los transgresores. Isaías 53:12

Cumplimiento

Crucificaron también con él a dos ladrones, uno a su derecha, y el otro a su izquierda. Y se cumplió la Escritura que dice: Y fue contado con los inicuos. Marcos 15:27-28

Así se cumplió donde dice "y fue contado con los inicuos".

No solamente fue crucificado con dos malhechores, también fue maltratado como si él fuera un malhechor, compartiendo aun ese mal gusto y ofensa.

30 ¿Por qué me has desamparado?

Profecía

Dios mío, Dios mío, ¿por qué me has desamparado? *Salmos 22:1*

Cumplimiento

Cerca de la hora novena, Jesús clamó a gran voz, diciendo: Elí, Elí, ¿lama sabactani? Esto es: Dios mío, Dios mío, ¿por qué me has desamparado? *Mateo 27:46*

Jesús sufrió todo sentimiento de

abandono, el sentimiento de total separación de Dios. Tal sentimiento estaba separado para nosotros, pero él lo sufrió en nuestro lugar.

Ahí se cumplió la profecía.

31 En tus manos encomiendo mi espíritu

Profecía

*En tu mano encomiendo mi espíritu;
Tú me has redimido, oh Jehová, Dios de
verdad. Salmos 31:5*

Cumplimiento

*Entonces Jesús, clamando a gran voz,
dijo: Padre, en tus manos encomiendo mi
espíritu. Y habiendo dicho esto, expiró.
Lucas 23:46*

Este es un cumplimiento totalmente literal y sin necesidad de figuras. Palabra por palabra, tal como lo había dicho el salmista.

32 Descoyuntado

Profecía

He sido derramado como aguas, Y todos mis huesos se descoyuntaron; Mi corazón fue como cera, Derritiéndose en medio de mis entrañas. Como un tiesto se secó mi vigor, Y mi lengua se pegó a mi paladar, Y me has puesto en el polvo de la muerte. Salmos 22:14-15

Cumplimiento

Pilato se sorprendió de que ya hubiese muerto; y haciendo venir al centurión, le preguntó si ya estaba muerto. E informado

por el centurión, dio el cuerpo a José.
Marcos 15:44-45

Ahí está el cumplimiento de la profecía. Jesús murió, así había aparecido. ¡Que tremendo! Cuando fue profetizado que sus huesos no iban a ser quebrados, se cumplió y cuando fue profetizado que iba a ser descoyuntado, se descoyuntó, pero no fueron quebrados sus huesos. Ahí vemos la exactitud de los profetas.

33 Tinieblas sobre toda la tierra

Profecía

Acontecerá en aquel día, dice Jehová el Señor, que haré que se ponga el sol a mediodía, y cubriré de tinieblas la tierra en el día claro. Amós 8:9

Cumplimiento

Y desde la hora sexta hubo tinieblas sobre toda la tierra hasta la hora novena. Mateo 27:45

A este fenomeno es a lo que llamamos

eclipse. La muerte de Jesús, literalmente sacudió los simientos de la creación. Cielo y tierra fueron conmovidos.

Ahí está el cumplimiento de la profecía.

34 Con los ricos fue en su muerte

Profecía

Y se dispuso con los impíos su sepultura, mas con los ricos fue en su muerte; aunque nunca hizo maldad, ni hubo engaño en su boca. Isaías 53:9

Cumplimiento

Cuando llegó la noche, vino un hombre rico de Arimatea, llamado José, que también había sido discípulo de Jesús. Este fue a Pilato y pidió el cuerpo de Jesús. Entonces Pilato mandó que se le diese el cuerpo. Y tomando José el cuerpo, lo envolvió en una sábana limpia, y lo puso en su sepulcro nuevo, que había labrado en la peña; y después de hacer rodar una gran piedra a la entrada del sepulcro, se fue. Mateo 27:57-60

Ahí está el cumplimiento de la profecía, no solamente que fue sepultado en una tumba prestada que no era de él, sino que fue con una persona rica. Fue con los ricos en su muerte y ahí hay cumplimiento de profecía también. "Gloria a Dios".

35 Resucitó

Profecía

La diestra de Jehová es sublime;
La diestra de Jehová hace valentías.
No moriré, sino que viviré, Y contaré las
obras de JAH. Salmos 118:16-17

Cumplimiento

Mas él les dijo: No os asustéis;
buscáis a Jesús nazareno, el que fue
crucificado; ha resucitado, no está aquí;
mirad el lugar en donde le pusieron. Pero
id, decid a sus discípulos, y a Pedro, que
él va delante de vosotros a Galilea; allí le

veréis, como os dijo. *Marcos 16:6-7*

"No moriré sino que viviré" es otra profecía cumplida. Murió y regresó a la vida.

36 Su reino no tendrá fin

Profecía

Lo dilatado de su imperio y la paz no tendrán límite, sobre el trono de David y sobre su reino, disponiéndolo y confirmándolo en juicio y en justicia desde ahora y para siempre. El celo de Jehová de los ejércitos hará esto.

Isaías 9:7

Cumplimiento

Este será grande, y será llamado Hijo del Altísimo; y el Señor Dios le dará el trono de David su padre; y reinará sobre la casa de Jacob para siempre, y su reino no tendrá fin. Lucas 1:32-33

La fuerza y firmeza de su reinado, de la manera en que había sido profetizado mucho tiempo antes. Ahí está el cumplimiento de esa profecía.

37 La virgen concebirá

Profecía

Por tanto, el Señor mismo os dará señal: He aquí que la virgen concebirá, y dará a luz un hijo, y llamará su nombre Emanuel. Isaías 7:14

Cumplimiento

Al sexto mes el ángel Gabriel fue enviado por Dios a una ciudad de Galilea, llamada Nazaret, a una virgen desposada con un varón que se llamaba José, de la casa de David; y el nombre de la virgen era María. Lucas 1:26-27

Ahí está el cumplimiento. Dios escogió una virgen para que el Mesías naciera, fue anunciado en Isaías y ahora lo vemos cumplido en el libro histórico de Lucas.

38 Desde el principio

Profecía

Pero tú, Belén Efrata, pequeña para estar entre las familias de Judá, de ti me saldrá el que será Señor en Israel; y sus salidas son desde el principio, desde los días de la eternidad. Miqueas 5:2

Cumplimiento

En el principio era el Verbo, y el Verbo era con Dios, y el Verbo era Dios. Juan 1:1

El Mesías existía desde la eternidad.

Esta profecía confirma que Jesús es eterno. Él ha existido siempre. Juan nos revela más detalles cuando dice:

Todas las cosas por él fueron hechas, y sin él nada de lo que ha sido hecho, fue hecho. *Juan 1:3*

Es decir, Jesús es el Creador de todas las cosas.

39 De Egipto llamé a mi hijo

Profecía

Cuando Israel era muchacho, yo lo amé, y de Egipto llamé a mi hijo.
Oseas 11:1

Cumplimiento

Y él, despertando, tomó de noche al niño y a su madre, y se fue a Egipto, y estuvo allá hasta la muerte de Herodes; para que se cumpliese lo que dijo el Señor por medio del profeta, cuando dijo: De

Egipto llamé a mi Hijo. Mateo 2:14-15

Aquí Mateo señala directamente y confirma el cumplimiento de lo que había dicho el profeta Oseas. Es decir, explicitamente la misma escritura confirma su cumplimiento. Ese es el cumplimiento de la profecía.

40 Reposará sobre él el Espíritu de Jehová

Profecía

Y reposará sobre él el Espíritu de Jehová; espíritu de sabiduría y de inteligencia, espíritu de consejo y de poder, espíritu de conocimiento y de temor de Jehová. Isaías 11:2

Cumplimiento

Y Jesús, después que fue bautizado, subió luego del agua; y he aquí los cielos le fueron abiertos, y vio al Espíritu de Dios que descendía como paloma, y venía sobre él. Mateo 3:16

El Espíritu del Padre reposa sobre Jesüs sin medida. Todo lo que es el Padre está en él. Toda la plenitud de la deidad.

Ahí está el Espíritu reposando sobre El Señor, y está la profecía cumplida.

41 Para los gentiles

Profecía

He aquí mi siervo, yo le sostendré; mi escogido, en quien mi alma tiene contentamiento; he puesto sobre él mi Espíritu; él traerá justicia a las naciones. Isaías 42:1

Cumplimiento

He aquí mi siervo, a quien he escogido; Mi Amado, en quien se agrada mi alma; Pondré mi Espíritu sobre él, Y a los gentiles anunciará juicio. Mateo 12:18

Que tremenda revelación. Ya estaba profetizado desde antes que El Evangelio habría de llegar a los gentiles. Ahí está el cumplimiento.

42 El Espíritu del Señor está sobre mí

Profecía

El Espíritu de Jehová el Señor está sobre mí, porque me ungió Jehová; me ha enviado a predicar buenas nuevas a los abatidos, a vendar a los quebrantados de corazón, a publicar libertad a los cautivos, y a los presos apertura de la cárcel. Isaías 61:1

Cumplimiento

El Espíritu del Señor está sobre mí, Por cuanto me ha ungido para dar buenas nuevas a los pobres; Me ha enviado a sanar a los quebrantados de corazón; A pregonar libertad a los cautivos, Y vista a los ciegos; A poner en libertad a los oprimidos. Lucas 4:18

Otra vez, el Señor nos confirma palabra por palabra el cumplimiento de la profecía, y no solo eso... más adelante en el texto nos dice claramente que esta profecía se ha cumplido.

Y enrollando el libro, lo dio al ministro, y se sentó; y los ojos de todos en la sinagoga estaban fijos en él. Y comenzó a decirles: **Hoy se ha cumplido esta Escritura delante de vosotros.** *Lucas 4:20-21*

Ahí está el cumplimiento de esa profecía.

43 Mesías Pastor

Profecía

Como pastor apacentará su rebaño; en su brazo llevará los corderos, y en su seno los llevará; pastoreará suavemente a las recién paridas. Isaías 40:11

Cumplimiento

Mas el que entra por la puerta, el pastor de las ovejas es. A éste abre el portero, y las ovejas oyen su voz; y a sus ovejas llama por nombre, y las saca. Y cuando ha sacado fuera todas las propias, va delante de ellas; y las

ovejas le siguen, porque conocen su voz.
Juan 10:2-4

Isaias nos había presentado al Mesías como Pastor. No solamente eso... el Profeta nos da detalles en cuanto al cuidado que Jesús tendría con sus ovejas. Esto es un cuadro completo del carácter de nuestro Cristo.

Ese es el cumplimiento.

44 El primero y el último

Profecía

¿Quién hizo y realizó esto? ¿Quién llama las generaciones desde el principio? Yo Jehová, el primero, y yo mismo con los postreros. Isaías 41:4

Cumplimiento

Yo soy el Alfa y la Omega, el primero y el último... Apocalipsis 1:11

Esta profecía tiene que ver directamente con la eternidad de Jesús, y a la misma vez una prueba más de su deidad.

Aquí había sido cumplida la profecía de Isaías.

45 Montado sobre un asno

Profecía

Alégrate mucho, hija de Sion; da voces de júbilo, hija de Jerusalén; he aquí tu rey vendrá a ti, justo y salvador, humilde, y cabalgando sobre un asno, sobre un pollino hijo de asna.

Zacarías 9:9

Cumplimiento

Tomaron ramas de palmera y salieron a recibirle, y clamaban: ¡Hosanna! ¡Bendito el que viene en el nombre del

Señor, el Rey de Israel! Y halló Jesús un asnillo, y montó sobre él, como está escrito... Juan 12:13-14

En esta profecía fue dicho que iba a venir montado sobre un asno y así se cumplió lo cual revela el carácter humilde (pues un asno es un animal de carga) y a la vez el caracter de Rey, pues de acuerdo a la costumbre antigua, los reyes entraban a sus cortes cabalgando sobre asnos.

46 El que de mi pan comía

Profecía

Aun el hombre de mi paz, en quien yo confiaba, el que de mi pan comía, Alzó contra mí el calcañar. Salmos 41:9

Cumplimiento

Respondió Jesús: A quien yo diere el pan mojado, aquél es. Y mojando el pan, lo dio a Judas Iscariote hijo de Simón. Juan 13:26

Ahí está cumplida la profecía, éste

es el que lo iba a traicionar. La frase "el que de mi pan comía" indica lo cerca que estaba de él quien lo iba a traicionar... en este caso Judas Iscariote.

47 Las ovejas fueron dispersadas

Profecía

Levántate, oh espada, contra el pastor, y contra el hombre compañero mío, dice Jehová de los ejércitos. Hiere al pastor, y serán dispersadas las ovejas; y haré volver mi mano contra los pequeñitos. Zacarías 13:7

Cumplimiento

Entonces todos los discípulos, dejándole, huyeron. Marcos 14:50

Jesús sufrió extremamente el abandono de todos. Todos le dejaron. Ahí está. Hirieron al pastor y las ovejas fueron dispersadas.

48 Treinta piezas de plata

Profecía

Y les dije: Si os parece bien, dadme mi salario; y si no, dejadlo. Y pesaron por mi salario treinta piezas de plata.
Zacarías 11:12

Cumplimiento

Entonces uno de los doce, que se llamaba Judas Iscariote, fue a los principales sacerdotes, y les dijo: ¿Qué me queréis dar, y yo os lo entregaré? Y ellos le asignaron treinta piezas de plata. Mateo 26:14-15

113

Esta es la exactitud profética con que habló Zacarías. Exactamente el precio de la traición (treinta piezas de plata) indica que no hay error en las palabras de los profetas aun en las cosas más insignificantes. Ahí está el cumplimiento de la profecía.

49 Donde iba a parar el dinero de la traición

Profecía

Y me dijo Jehová: Echalo al tesoro; ¡hermoso precio con que me han apreciado! Y tomé las treinta piezas de plata, y las eché en la casa de Jehová al tesoro. Zacarías 11:13

Cumplimiento

Yo he pecado entregando sangre inocente. Mas ellos dijeron: ¿Qué nos importa a nosotros? ¡Allá tú! Y arrojando las piezas de plata en el templo, salió, y fue y se ahorcó. Mateo 27:4-5

El profeta Zacarías nos había dicho aun donde iba a parar el dinero de la traición. Zacarías profetiza: "las eché en la casa de Jehová" y Mateo nos dice: arrojando las piezas de plata en el templo". Esto nos dice exactamente donde terminó el dinero que le fue pagado a Judas por entregar el Señor... el dinero terminó en el tesoro del Templo. Ahí se cumplió la profecía.

50 Injurias

Profecía

Jehová el Señor me abrió el oído, y yo no fui rebelde, ni me volví atrás. Di mi cuerpo a los heridores, y mis mejillas a los que me mesaban la barba; no escondí mi rostro de injurias y de esputos.
Isaías 50:5-6

Cumplimiento

Entonces les soltó a Barrabás; y habiendo azotado a Jesús, le entregó para ser crucificado. Entonces los soldados del gobernador llevaron a Jesús

al pretorio, y reunieron alrededor de él a toda la compañía; y desnudándole, le echaron encima un manto de escarlata, y pusieron sobre su cabeza una corona tejida de espinas, y una caña en su mano derecha; e hincando la rodilla delante de él, le escarnecían, diciendo: ¡Salve, Rey de los judíos! Y escupiéndole, tomaban la caña y le golpeaban en la cabeza.
Mateo 27:26-30

"Mi cuerpo a los heridores" son las palabras del profeta Isaías para expresar al profetizar como sería la muerte del Mesías. Mateo nos da en detalles el cumplimiento exacto de esa profecía.

51 Mi cuerpo a los heridores

Profecía

Como se asombraron de ti muchos, de tal manera fue desfigurado de los hombres su parecer, y su hermosura más que la de los hijos de los hombres.
Isaías 52:14

Cumplimiento

Entonces los soldados le llevaron dentro del atrio, esto es, al pretorio, y convocaron a toda la compañía. Y le vistieron de púrpura, y poniéndole una corona tejida de espinas, comenzaron luego a saludarle: ¡Salve, Rey de los judíos! Y le golpeaban en la cabeza con una caña, y le escupían, y puestos de rodillas le hacían reverencias. Después de haberle escarnecido, le desnudaron la púrpura, y le pusieron sus propios vestidos, y le sacaron para crucificarle. Marcos 15:16-20

Isaias nos dice: *"fue desfigurado de los hombres su parecer"* y Marcos nos revela como es que fue desfigurado cuando dice: *"Y le golpeaban en la cabeza con una caña"* .

Ese es el cumplimiento en detalles de esa profecía.

52 Sin causa me aborrecieron

Profecía

Se han aumentado más que los cabellos de mi cabeza los que me aborrecen sin causa; Se han hecho poderosos mis enemigos, los que me destruyen sin tener por qué. ¿Y he de pagar lo que no robé? Salmos 69:4

Cumplimiento

Si yo no hubiese hecho entre ellos obras que ningún otro ha hecho, no tendrían pecado; pero ahora han visto y han aborrecido a mí y a mi Padre. Pero esto es para que se cumpla la palabra que está escrita en su ley: Sin causa me aborrecieron. Juan 15:24-25

Aquí, el Señor mismo hace referencia directa al Salmo y nos dice: *"esto es para que se cumpla la palabra que está escrita"...* o sea, él mismo nos dice que este es el cumplimiento de la profecía.

53 Falso testimonio

Profecía

Se levantan testigos malvados; De lo que no sé me preguntan. Salmos 35:11

Cumplimiento

Porque muchos decían falso testimonio contra él, mas sus testimonios no concordaban. Marcos 14:56

Ahí está la profecía de los falsos testimonios contra Jesús en todo su cumplimiento. Aun el proceso de entregarle para ser crucificado fue profetizado en detalles por sus santos siervos los profetas.

54 No abrió su boca

Profecía

*Angustiado él, y afligido, no abrió
su boca; como cordero fue llevado al
matadero; y como oveja delante de sus
trasquiladores, enmudeció, y no abrió su
boca. Isaías 53:7*

Cumplimiento

*Pilato entonces le dijo: ¿No oyes
cuántas cosas testifican contra ti? Pero
Jesús no le respondió ni una palabra;
de tal manera que el gobernador se
maravillaba mucho. Mateo 27:13-14*

Posiblemente esta es una de las profecías que más claro describen el carácter de Jesús y su mansedumbre al someterse a la voluntad del Padre. Isaias dice: *"enmudeció, y no abrió su boca"* y *Mateo nos dice: "Pero Jesús no le respondió ni una palabra"*. No abrió su boca. No se quejó. Se entregó al castigo y lo hizo en nuestro lugar.

55 El Espíritu Santo es dado a los creyentes

Porque yo derramaré aguas sobre el sequedal, y ríos sobre la tierra árida; mi Espíritu derramaré sobre tu generación, y mi bendición sobre tus renuevos; y brotarán entre hierba, como sauces junto a las riberas de las aguas. Isaías 44:3

Cumplimiento

Entonces Jesús les dijo otra vez: Paz a vosotros. Como me envió el Padre, así también yo os envío. Y habiendo dicho esto, sopló, y les dijo: Recibid el

Espíritu Santo. A quienes remitiereis los pecados, les son remitidos; y a quienes se los retuviereis, les son retenidos. Juan 20:21-23

El Espíritu Santo es dado a los creyentes. Esa profecía fue dada, la vemos en Isaías y aquí la vemos cumplida. El Señor encomienda a los discípulos, los envía a predicar, y luego les da el Espíritu Santo.

Notas

1- La Ciencia Habla [Science Speaks] de Peter Stoner (Moody Press, 1963)

2- Tomada del libro Evidencias que Exigen un Veredicto [Evidence that Demands a Verdict] de Josh McDowell.

DESARROLLOS EDUCATIVOS
CONCENTRACIONES MASIVAS
MISIONES HUMANITARIAS
AGILIZANDO LA COSECHA
ASOCIACIÓN JA PÉREZ
INTEGRACIÓN DE NUEVOS
MOLDES Y ALTERNATIVAS QUE
AGILIZAN LA COSECHA GLOBAL

Festivales

El festival *República de Gozo*™ es una celebración en grande, con arte, cultura, música y mucho más. Es un festival de vida que no es religioso sin embargo celebra y exalta a Jesucristo.

En un ambiente sano, para la familia con kioscos y talleres diarios con ayuda inmediata y programas de larga duración se hace un trabajo social responsable que dejará resultados en el área cubierta. Esto acompañado de conciertos y presentaciones que traen verdadero gozo y nos muestran el propósito para el cual fuimos creados.

Cada noche se lleva a cabo una concentración masiva donde se entrega el mensaje de salvación y esta es seguida por un concierto donde jóvenes y adultos se unen a celebrar y adorar a Jesucristo.

Entrenamiento

En la *Escuela de Evangelismo Creativo*™ el objetivo es enseñar a comunicar el Evangelio de Jesucristo por medios originales y creativos que envuelven música, artes, deportes, cultura o cualquier otro elemento imaginativo así como entrenar nacionales para discipular a los nuevos creyentes, resultados de cosecha del festival.

Desde la preparación de un festival (meses antes del evento) hasta el seguimiento (meses después del evento), los evangelistas de la *Escuela de Evangelismo Creativo*™ toman parte activa en la propagación del Evangelio en su respectiva ciudad.

Misiones Humanitarias

Una misión humanitaria une a aquellos que han sido grandemente exitosos con los menos privilegiados de la sociedad. Por este medio, nos enfocamos en los pobres de cada ciudad o región, aquellos que han sido dañados por alguna catástrofe, o simplemente han crecido en un ambiente que carece de oportunidades.

El alcance consiste no solo en el auxilio rápido a una necesidad inminente. También organiza programas no solo para ayudar al que tiene hambre, sino que aparte de eso, lo involucra y enseña poniendo en sus manos herramientas para que se pueda valer por sí mismo y le educa para sacar a su familia hacia una mejor forma de vida.

¡Toma un equipo para levantar una cosecha!

Las preparaciones para un festival toman meses. En la semana del evento el equipo llega a trabajar con los oriundos en entrenamiento y preparando a las iglesias para el impacto, además de toda la logística en estadio.

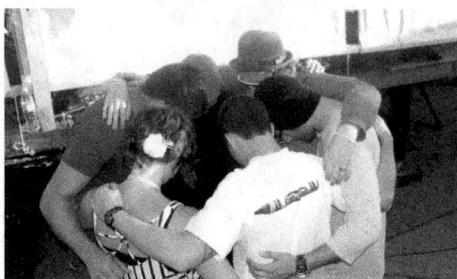

Amando a la ciudad

Antes que comience un festival, miembros del equipo visitan y ministran en escuelas, orfanatos y áreas de pobreza y grande riezgo donde la misión humanitaria tomará lugar. Además equipos de evangelismo trabajan en las calles de la ciudad.

Equipando a los oriundos

Cuatro semanas antes de un evento,
la *Escuela de Evangelismo Creativo™*
es llevada a cabo. Los nacionales
son entrenados con el material de
Transformación de Ciudad™ que incluirá
12 semanas de seguimiento y discipulado
una vez terminado el festival. Además de
crear una cultura de evangelismo en la
ciudad, ellos aprenderán a como cuidar a
los nuevos creyentes.

Intercambio Cultural™

En el festival, el *Intercambio Cultural*™ une talentos
nacionales e internacionales en la gran plataforma, con
música, drama, danzas folcróricas y muchas otras artes.

Festival de Niños

Mimos, payasos, danzas y muchas otras formas creativas de presentar las buenas nuevas a los niños son usadas por miembros del quipo provenientes de otros países trabajando con los nacionales.

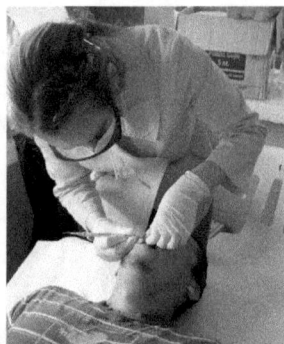

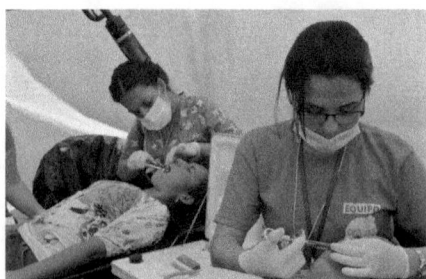

Trabajo Humanitario

En cada evento, Doctores en medicina, Odontólogos, y Consejeros familiares sirven juntos a los necesitados de la ciudad. Durante el día —en el estadio— estos asisten en carpas a las necesidades, no solo físicas, también espirituales. Muchos vienen a Cristo durante el día, lo cual forma gran parte de la cosecha general. Demostrar el amor de Cristo por medio de servicio práctico es un elemento clave en un alcance de ciudad.

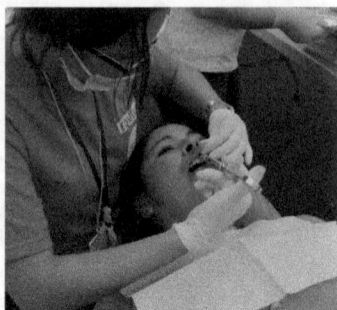

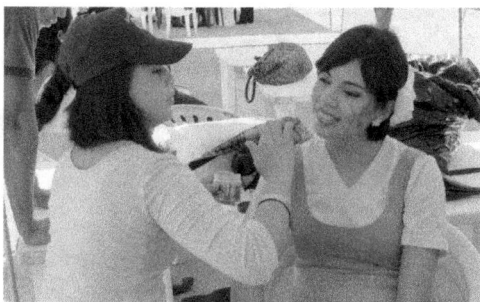

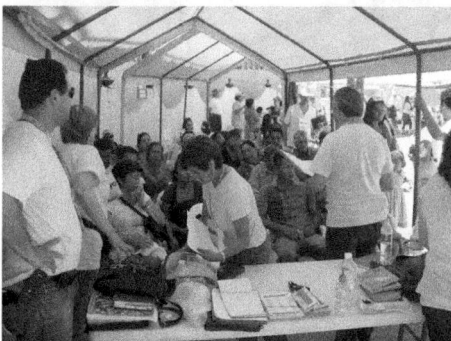

Ministerios Específicos

Carpas con talleres para la familia, madres
solteras, mujeres maltratadas, adicciones,
etc... operan durante el día en el estadio.
El mensaje de Cristo es presentado y
muchos son alcanzados de esta manera.
Nuestra meta es siempre alcanzar a
todas las audiencias y generaciones
categorizadas por interes y grupos
de edades.

Proclamación

JA Pérez entrega el mensaje y hace el llamado cada noche. Cientos pasan a recibir a Cristo y esto es seguido por la integración donde todos los estudiantes que han sido entrenados en la EEC los recibirán por zonas para llevarlos a las iglesias y ocuparse de sus necesidades inmediatas.

La Cosecha

Cuando una ciudad o provincia es impactada, con frecuencia gobernantes y líderes nacionales —senadores y congresistas— asisten al evento y reconocen el movimiento, pero los frutos mayores del proyecto completo son las miles de vidas que son transformadas por el poder del evangelio. Ese es el principal propósito de todo — predicar a Cristo.

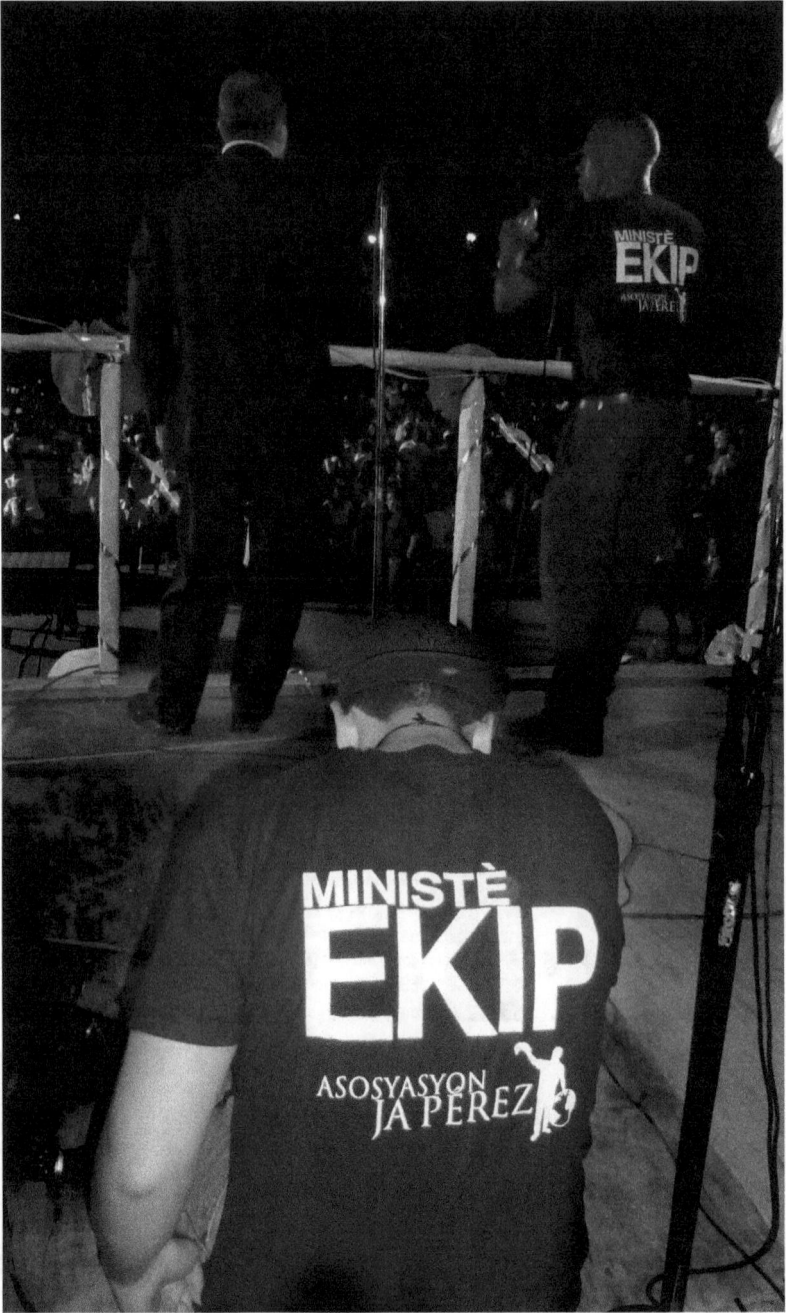

Otros libros por JA Pérez

JA Pérez ha escrito más de 25 libros y manuales de entrenamiento. Todos sus libros están disponibles en Amazon.com así como en librerías y tiendas mundialmente. Libros con temas para la familia, empresa, liderazgo, economía, profecía bíblica, devocionales, inspiracionales, evangelismo y teología.

Profecía Bíblica

Devocionales

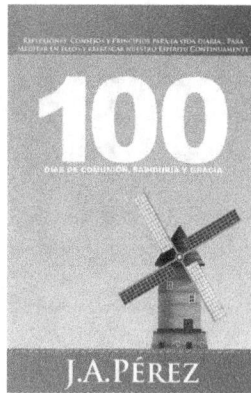

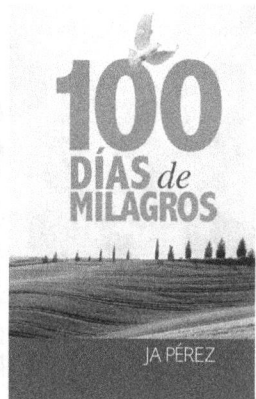

Discipulado para Nuevos Creyentes y Estudios de Grupos

Liderazgo, Gobierno y Diplomacia

Inspiración y Creatividad en Liderazgo

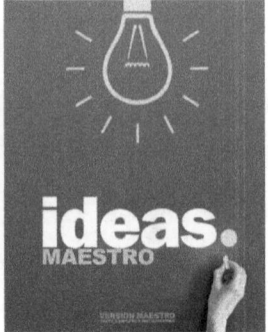

Vida Cristiana, Crecimiento, Principios de Vida y Relaciones

Ficción, Historietas

Evangelismo

Colaboración

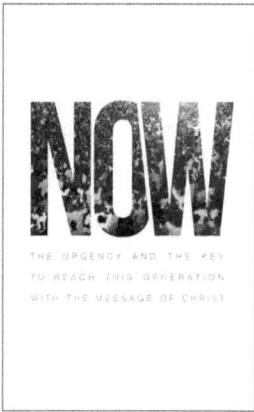

NOW

THE URGENCY AND THE KEY
TO REACH THIS GENERATION
WITH THE MESSAGE OF CHRIST

English

Evangelism and Collaboration

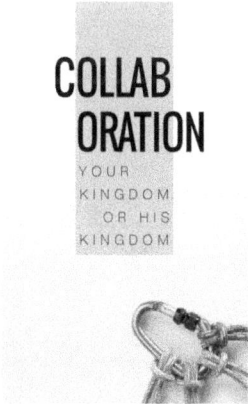

COLLAB
ORATION

YOUR
KINGDOM
OR HIS
KINGDOM

COLLABORATION
IOI
for EVANGELISTS

COLLABORATION
IOI
for CHURCHES

Festivals and
Celebrations

Together | Collaborate

Festivals and
Celebrations

Together | International
Council

Contacte / siga al autor

Blog personal y redes sociales

japerez.net

@japereznow

facebook.com/japereznow

Asociación JA Pérez

japerez.org

agenda@japerez.org

Keen Sight Books